Compliance. Bedeutung der internen Revision, Compliance-Management-Systeme und der Code of Conduct

Victoria Chemnitz

Bibliografische Information der Deutschen Nationalbibliothek:

Die Deutsche Nationalbibliothek verzeichnet diese Publikation in der Deutschen Nationalbibliografie; detaillierte bibliografische Daten sind im Internet über http://dnb.d-nb.de abrufbar.

ISBN: 9783346809735
Dieses Buch ist auch als E-Book erhältlich.

Druck und Bindung: Books on Demand GmbH, Norderstedt Germany
Gedruckt auf säurefreiem Papier aus verantwortungsvollen Quellen

Das vorliegende Werk wurde sorgfältig erarbeitet. Dennoch übernehmen Autoren und Verlag für die Richtigkeit von Angaben, Hinweisen, Links und Ratschlägen sowie eventuelle Druckfehler keine Haftung.

Das Buch bei GRIN: https://www.grin.com/document/1324414

Einsendeaufgabe

Compliance: Bedeutung der internen Revision, Compliance-Management-Systeme und der Code of Conduct

Modul:

Betriebswirtschaftliche Grundlagen des Compliance Management

Studiengang:

Finance, Accounting, Controlling & Taxation (M. Sc.)

Verfasserin:

Victoria Chemnitz

Abgabedatum:

01.11.2022

Inhaltsverzeichnis

Abkürzungsverzeichnis

AktG	–	Aktiengesetz
BMK	–	Bundesministerium für Klimaschutz, Umwelt, Energie, Mobilität, Innovation und Technologie
bspw.	–	beispielsweise
CMS	–	Compliance-Management-System
gem.	–	gemäß
ggf.	–	gegebenenfalls
HFA	–	Hauptfachausschuss
IDW	–	Institut der Wirtschaftsprüfer in Deutschland e. V.
IDW EPS	–	IDW Prüfungsstandard Entwurf
IDW PS	–	IDW Prüfungsstandard
IKS	–	Internes Kontrollsystem
ISO	–	International Standards Organization
PwC	–	PricewaterhouseCoopers GmbH
s.	–	siehe
S.	–	Seite
u. a.	–	unter anderem
Vgl.	–	Vergleiche

Abbildungsverzeichnis

1 Definition und Bedeutung einer internen Revision

In Ihrer Ausgabe „The Future of Compliance 2021" stellt die Wirtschaftsprüfungsgesellschaft Deloitte prägnante Ergebnisse vor, die aufzeigen, dass Compliance, insbesondere durch neue Gesetze oder Verordnungen, an Bedeutung zunimmt: 42% der 364 befragten Compliance-Verantwortlichen sind stark bis sehr stark in das Thema Nachhaltigkeit eingebunden, die Hälfte der Teilnehmer[1] erwartet Konsequenzen des Lieferkettensorgfaltspflichtengesetzes auf ihre Compliance-Tätigkeit und 70% der Teilnehmer passten ihr Compliance-Management-System (CMS) aufgrund des Entwurfs zum Verbandssanktionengesetz an oder planten dies zumindest.[2]

Einfach übersetzt bedeutet der Begriff Compliance Regelkonformität oder Rechtstreue und bildet die Summe der betrieblichen Maßnahmen, die sicherstellen sollen, dass sich alle Unternehmensangehörigen regelkonform verhalten. Mithilfe eines funktionierenden Compliance-Managements können Regelverstöße rechtzeitig verhindert bzw. frühzeitig aufgedeckt werden.[3] Zur Einführung eines Compliance-Programms ist ein Team bzw. Fachbereich notwendig, welcher u. a. interne Revisoren, die wichtige Methodenkenntnisse mitbringen, enthält.[4]

Die interne Revision ist eine Stabstelle in der Unternehmenszentrale, die dazu beauftragt werden kann, bei Einführung und Umsetzung eines Compliance-Programmes in den betroffenen Bereichen des Unternehmens die durchzuführenden Maßnahmen zentral zu überwachen. Steigt die Bedeutung von Compliance, so tut es auch die der internen Revision. Die Aufgaben einer internen Revision reichen generell von der Überprüfung der Aktualität von Risikoeinschätzungen über die Beurteilung von getroffenen Maßnahmen im Umgang mit Compliance-Risiken bis zum Treffen von Verbesserungsvorschlägen zum Design des Compliance-Programms oder auch der einzelnen Maßnahmen, die umgesetzt werden sollen.[5]

Allgemein ist eine interne Revision dazu da, Effizienzpotenziale zu erkennen und Risiken zu vermeiden, indem sie Arbeitsprozesse auf deren Ordnungsmäßigkeit, Wirtschaftlichkeit und Zweckmäßigkeit prüft.[6] Nach dem Deutschen Institut für Interne Revision beinhaltet das Aufgabenfeld einer internen Revision objektive und unabhängige Beratungs- und Prüfungsdienstleistungen, die darauf abzielen, Geschäftsprozesse zu verbessern sowie Mehrwerte zu schaffen. Daneben gehören die Bewertung und Verbesserung der Effektivität von Führungs- und

---

[1] In dieser Arbeit wird aus Gründen der besseren Lesbarkeit ausschließlich die männliche Form verwendet. Sie bezieht sich auf Personen aller Geschlechter.
[2] Vgl. *Deloitte GmbH Wirtschaftsprüfungsgesellschaft* (2021), S. 5-7
[3] Vgl. *Bundesanzeiger Verlag GmbH* (o. J.)
[4] Vgl. *Moeller* (2011), zitiert nach: *Hiller* (2019), S. 33
[5] Vgl. *Hiller* (2019), S. 37
[6] Vgl. *HAUB + PARTNER GmbH* (o. J.)

Überwachungsprozessen, dem Risikomanagement sowie der Kontrollen zu den Aufgaben der Stabstelle.[7]

Moeller betont in Bezug auf die interne Revision, agierend als interner Dienstleister, dass sie ihre Aufgaben unabhängig wahrnehmen solle, demnach also innerhalb der Linienorganisation keine Weisungen empfangen sollte, sondern direkt der Geschäftsführung des Unternehmens unterstellt sei. Daneben solle die interne Revision objektiv agieren, ihre Aufgaben also unvoreingenommen und unparteiisch ausführen.[8]

Beeck führt bei seiner Definition der internen Revision eine Unterteilung durch: Funktional entspreche die Revision einer Prüfung durch Unternehmensangehörige, die prozessunabhängig sind. Im klassischen institutionellen Sinne sei die interne Revision eine Stelle oder auch eine Abteilung, die mit der Durchführung von Prüfungsaufgaben befasst ist. Ähnliche Bezeichnungen seien die Innenrevision oder bei Konzernen die Konzernrevision. Zudem weist Beeck darauf hin, dass die interne Revision nicht mit dem Controlling gleichzusetzen ist, welches sich mit noch weiter gefassten Tätigkeiten beschäftigt. Als Hauptaufgabe der internen Revision nennt er die Unterstützung der Unternehmensleitung bei ihrer Überwachungsfunktion. Die internen Prüfungen können beliebige Bereiche der Organisation betreffen, vorrangig das Finanz- und Rechnungswesen sowie den organisatorischen Bereich, jedoch nicht die Unternehmensführung selbst.[9]

Neben Unabhängigkeit und Objektivität spielen verschiedene Fachkompetenzen von internen Revisoren eine wichtige Rolle. Sie müssen über Fähigkeiten, umfangreiches Wissen und weitere Qualifikationen verfügen, die zur Erfüllung ihrer persönlichen Verantwortlichkeiten erforderlich sind. Bestenfalls sollten interne Revisoren ihre Fachkompetenz, die die Berücksichtigung von Trends, aktuellen Themen und Aktivitäten umfasst, durch Nachweise belegen können. Sie sollten grundlegende Kenntnisse der Kontrollen und Risiken von IT sowie der verfügbaren IT-gestützten Prüfungstechniken besitzen, damit sie ihre Tätigkeiten vollumfänglich ausführen können. Daneben müssen sie über ausreichend Wissen und Erfahrungen verfügen, damit sie beurteilen können, ob Risiken für arglistige Handlungen bestehen bzw. wie mit solchen Risiken im Unternehmen umgegangen werden kann.[10]

Die Wirtschaftsprüfungsgesellschaft PricewaterhouseCoopers GmbH (PwC) empfiehlt aus verschiedenen Gründen innerhalb eines Unternehmens bzw. einer Organisation eine interne Revision aufzubauen: Egal ob ein Börsengang geplant ist, das Unternehmen sehr komplexe Prozesse und Strukturen aufweist, innerhalb einer Branche tätig ist, die eine hohe

---

[7] Vgl. *Deutsches Institut für Interne Revision e.V.* (2018), S. 13
[8] Vgl. *Moeller* (2016), zitiert nach: *Hiller* (2019), S. 52
[9] Vgl. *Beeck* (2018)
[10] Vgl. *Deutsches Institut für Interne Revision e.V.* (2018), S. 29-30

Regelungsdichte innehat, sehr schnell wächst oder größere Veränderungen plant – denn in allen Fällen kann eine interne Revision zur Sicherheit des Unternehmens beitragen und somit von großem Wert sein.[11]

Insbesondere für börsennotierte Unternehmen kommt der internen Revision eine hohe Bedeutung zu, wenn man sich im Rahmen der Corporate Governance die unausgewogenen Verteilungen von Informationen, Risiken und Interessen vor Augen hält, die u. a. in der Principal-Agent-Theorie zum Ausdruck kommen. Durch Einführung einer internen Revision als Stabsabteilung können eventuelle Interessenskonflikte zwischen Agenten und Principalen abgewendet werden.[12]

Die wachsende Zahl an internen und externen Einflussfaktoren, die auf Unternehmen zukommen, bieten einerseits Chancen, gehen jedoch gleichzeitig mit neuen Risiken einher. Um diese Risikosituationen angemessen beurteilen zu können, ist auch in diesem Kontext die objektive und unabhängige Unterstützung durch eine interne Revision bedeutungsvoll. Daneben leistet sie als wichtige Säule für Corporate Governance einen positiven Beitrag zur guten Unternehmensführung und -überwachung, da sie mitverantwortlich für das interne Kontrollsystem (IKS) sowie das Compliance- und Risikomanagement ist. Letztlich wird immer das Ziel verfolgt, sowohl die aktuelle als auch die zukünftige Situation des Unternehmens zu verbessern. Für die Unternehmensführung kann sie daher einen großen Mehrwert liefern.[13]

Auch nach Otremba steigt die Bedeutung der internen Revision, insbesondere im Hinblick auf die zunehmende Komplexität des Umfelds einer Organisation. Diese hat zur Folge, dass nicht nur im Außen, sondern auch im Inneren eines Unternehmens eine gewisse Vielschichtigkeit entsteht. Durch die interne Revision als unabhängige Überwachungsinstanz können Geschäftsprozesse mit Blick auf die Zukunft und Effizienzbestrebungen optimiert werden[14]

Nicht nur die genannten Vorteile, das Verringern oder das Vermeiden von Risiken sprechen für eine interne Revision – nach §107 Abs. 3 AktG ist der Aufsichtsrat dazu verpflichtet, neben der Abschlussprüfung auch die Wirksamkeit des internen Kontrollsystems, des Risikomanagementsystems und des internen Revisionssystems zu überwachen.[15] Insbesondere IKS zu überprüfen sowie zu beurteilen, indem ein Prüfplan erstellt und durchgeführt wird und ein Prüfungsbericht geschrieben wird, ist vorrangig Aufgabe der internen Revision.[16] Außerdem ist gesetzlich geregelt, dass der Vorstand geeignete Maßnahmen in Bezug auf die zukünftige erfolgreiche Geschäftstätigkeit treffen muss und dazu u. a. ein Überwachungssystem

---

[11] Vgl. *PricewaterhouseCoopers GmbH* (o. J.)
[12] Vgl. *Otremba* (2016), S. 91
[13] Vgl. *PricewaterhouseCoopers GmbH* (o. J.)
[14] Vgl. *Otremba* (2016), S. 92
[15] Vgl. *Bundesrepublik Deutschland* (o. J.)
[16] Vgl. *Hiller* (2019), S. 51

einzurichten hat.[17] Zusammenfassend lässt sich festhalten, dass die interne Revision zur Sicherheit, der Regelkonformität sowie den Zielen eines Unternehmens beiträgt und von steigender Bedeutung ist.

Nach dem Institut der Wirtschaftsprüfer in Deutschland werden unter einem IKS die Grundsätze, Maßnahmen und Verfahren (bzw. Regelungen), die vom Management im Unternehmen eingeführt wurden, verstanden, welche darauf ausgerichtet sind, die Entscheidungen des Managements organisatorisch umzusetzen und die Wirtschaftlichkeit und Wirksamkeit der Geschäftstätigkeit zu stützen. Daneben sollen sie der Einhaltung von maßgeblichen rechtlichen Vorschriften dienen und die Verlässlichkeit sowie Ordnungsmäßigkeit der externen und internen Rechnungslegung fördern.[18]

Die Wirtschaftsprüfungsgesellschaft PwC sieht das interne Kontrollsystem als eine Art Rückgrat eines Unternehmens. Ist es modern ausgestaltet, können Risiken minimiert und Schäden oder Verstöße vermieden werden. Im Hinblick auf die komplexer werdenden Geschäftsprozesse bietet das System daher große Potenziale für Unternehmen.[19]

Ein IKS lässt sich zunächst in zwei Hauptkomponenten unterteilen: Regelungen zur Steuerung der Unternehmensaktivitäten – das *interne Steuerungssystem* – und Regelungen zur Überwachung der Einhaltung von diesen Regelungen – das *interne Überwachungssystem*[20]:

Abbildung 1: Hauptkomponenten eines IKS

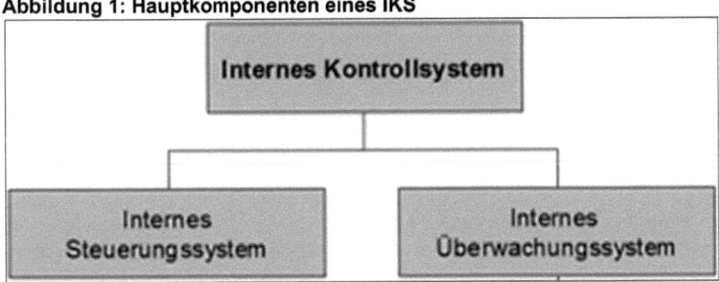

Quelle: Vgl. *Bungartz* (o. J.); *Institut der Wirtschaftsprüfer in Deutschland* (IDW PS 261).

Das interne Überwachungssystem lässt sich wiederum in Überwachungsmaßnahmen aufteilen, die entweder prozessbezogen sind, u. a. in der Ablauf- und Aufbauorganisation, oder prozessunabhängig sind und durch die interne Revision oder andere Beauftragte vorgenommen werden.[21]

---

[17] Vgl. *dejure.org Rechtsinformationssysteme GmbH* (2021)
[18] Vgl. *Institut der Wirtschaftsprüfer in Deutschland* (2010b), zitiert nach *Hiller* (2019), S. 52
[19] Vgl. *PricewaterhouseCoopers GmbH* (o. J.)
[20] Vgl. *Fuldner* (o. J.)
[21] Vgl. *Graf* (o. J.)

Abbildung 2: Komponenten eines internen Überwachungssystems

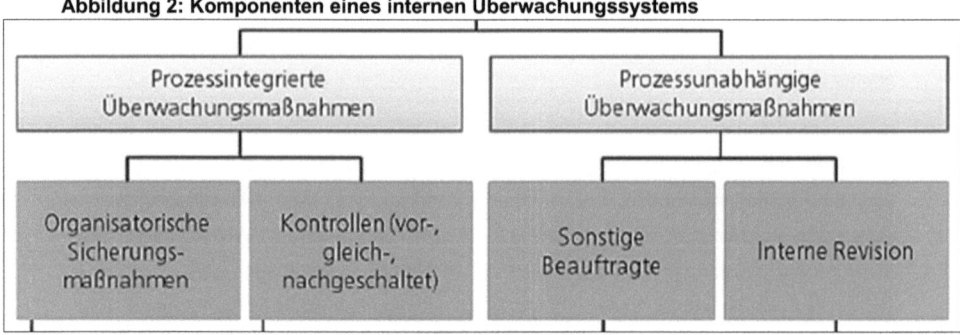

Quelle: *Eulerich* (2009), IV; zitiert nach: *Hiller* (2019), S. 53.

Die interne Revision ist in diesem Rahmen vor allem dafür zuständig, in Bezug auf die Prüfung der Geschäftsabläufe und -einheiten die Sicherungen und Kontrollen auf ihre Wirksamkeit, Vollständigkeit und Zweckmäßigkeit zu prüfen. Die prozessunabhängigen Überwachungsmaßnahmen können neben der internen Revision auch durch andere Beauftragte wie Compliance Officer, Datenschutzbeauftragte oder Risikomanager umgesetzt werden. Die prozessintegrierten Überwachungsmaßnahmen können automatisiert durch die IT, manuell durch Personen oder bspw. durch Arbeitsanweisungen durchgesetzt werden.[22]

---

[22] Vgl. *Eulerich* (2009), IV

2 Inhalte und Bedeutung des IDW PS 980

An das Compliance-Umfeld werden wachsende Anforderungen gestellt. Eine konkrete gesetzliche Regelung zum Aufbau von Compliance-Management-Systemen gibt es jedoch nicht, weshalb den Regelungen und Standards der Unternehmen selbst eine hohe Bedeutung zukommt.[23] Aus diesem Grund lassen immer mehr Unternehmen ihre Compliance Organisation durch unabhängige Dritte, wie z. B. Wirtschaftsprüfer oder Steuerberater, beurteilen. Der IDW Prüfungsstandard (PS) 980 beinhaltet hierbei wesentliche Regelungen, die zur freiwilligen Prüfung von CMS dienen und im deutschen Regelzusammenhang stehen.[24] Der Standard beschreibt somit Grundsätze, unter denen die unabhängigen Dritten die Prüfung eines CMS durchführen können.[25]

Verabschiedet wurde der IDW PS 980 im Jahr 2011 vom Institut der Wirtschaftsprüfer in Deutschland e. V. mit dem Titel „Grundsätze ordnungsmäßiger Prüfung von Compliance Management Systemen". Heute ist er einer der vorherrschenden Standards für die Strukturierung und Prüfung von Compliance-Management-Systemen in Deutschland.[26]

Im Sinne des IDW PS 980 ist ein CMS dann wirksam, wenn es rechtzeitig Verstöße identifizieren kann, mit diesen angemessen umgeht und den Schaden möglichst reduziert. Außerdem soll sich das System dabei einem kontinuierlichen Verbesserungsprozess unterziehen, um die Wahrscheinlichkeit von Wiederholungen der identifizierten Verstöße zu vermeiden.[27]

Der Prüfungsstandard geht u. a. auf die Fragen ein, wann ein CMS angemessen ist, wann es wirksam ist, oder wie Unternehmen bei der Konzeption eines neuen CMS vorgehen sollten. Mit der Unterstützung von fachkompetenten Dritten, wie z. B. einem Wirtschaftsprüfer, können die Fragen beantwortet werden und außerdem eine Bescheinigung für das Unternehmen ausgestellt werden. Diese Bescheinigung ist vor allem für Personen relevant, die für das Thema Compliance-Management verantwortlich sind, da es Vertrauen und Sicherheit verschafft.[28]

Seidel und Wendt nennen weitere Gründe, weshalb sich Unternehmen für eine Prüfung nach IDW PS 980 entscheiden: Zum einen wollen sie nach der Einführung eines neuen CMS dessen Wirksamkeit prüfen und bestätigt haben. Zusätzlich nutzen sie die Prüfung als Nachweis, den sie Stakeholdern wie Gesellschaftern, Lieferanten, Kunden oder auch der Öffentlichkeit vorzeigen können und so deren wachsenden Anforderungen nachgehen können. Daneben bietet

---

[23] Vgl. *Böttcher* (2011), S. 1054
[24] Vgl. *Hiller* (2019), S. 41
[25] Vgl. *Pielke* (2018), S. 7
[26] Vgl. *Pyrcek* (2021)
[27] Vgl. *Prycek* (2021)
[28] Vgl. *Rödl* (o. J.)

die Prüfung für Unternehmen die Chance, Haftungs- und Bußgeldrisiken zu reduzieren – denn werden Compliance-Verstöße festgestellt, hilft es, wenn das Unternehmen eine erfolgreiche Prüfung nach IDW PS 980 vorweisen kann.[29]

Ein Grund zur externen Prüfung kann außerdem die unabhängige Betrachtung des CMS und dessen Konzeption und Angemessenheit sein, um Lücken oder Optimierungspotenziale im System aufzudecken, die ein Mitarbeiter durch seine Betriebsblindheit ggf. nicht erkennt. Ein weiterer Vorteil ist, dass die Wahrnehmung zur Sicherstellung einer ausreichenden Compliance bei der Überwachungsfunktion der Organe gestärkt wird. Die externe Prüfung dient auch dazu, einen Überblick über die Umsetzung von Compliance-Anforderungen in anderen Unternehmen oder Konzernen zu erhalten.[30] Die vielen verschiedenen Gründe für eine freiwillige Prüfung des CMS nach IDW PS 980 und die daraus resultierenden Vorteile für Unternehmen zeigen die wachsende Bedeutung, die der Prüfungsstandard etwa zehn Jahre nach seiner Verabschiedung erlangt hat.

Neben dem IDW PS 980 wurde 2014 der ISO Standard 19600 veröffentlicht. Hierbei handelt es sich um einen Leitfaden für Compliance-Management-Systeme, der einheitliche Rahmenbedingungen für CMS schafft, welche weltweit gelten sollen, sowie Empfehlungen gibt, die Organisationen bei dem Aufbau und Betrieb eines solchen Systems unterstützen. Im April 2021 wurde der Standard durch einen neuen ISO 37301 abgelöst, der die Inhalte von ISO 19600 übernommen hat, jedoch einige inhaltliche Anpassungen erhielt und im Gegensatz zu den Empfehlungen des ISO 19600 verbindliche Vorgaben darstellt, sodass sich Unternehmen zertifizieren lassen können.[31]

Der Unterschied zwischen dem ISO 19600 bzw. 37301 und dem IDW PS 980 besteht darin, dass letzterer vermehrt auf den Ablauf und die Durchführung der Prüfung eines CMS ausgerichtet ist. Beim ISO Standard hingegen kommt den Rahmenbedingungen eines CMS und dessen Kultur mehr Bedeutung zu.[32]

Die Grundlage, auf der die Prüfungen nach IDW PS 980 durchgeführt werden, bildet die Dokumentation des CMS durch das Unternehmen. Der IDW PS 980 beinhaltet drei verschiedene Prüfungsarten bzw. -phasen, die aufeinander aufbauen: Die Konzeptionsprüfung, die Angemessenheitsprüfung und die Wirksamkeitsprüfung.[33]

Die drei Prüfungsphasen spiegeln die klassischen Entwicklungsstufen beim Einrichten eines CMS wider. In der Unternehmenspraxis hat es sich als sehr vorteilhaft und zielführend

---

[29] Vgl. *Seidel/Wendt* (2017), S. 33
[30] Vgl. *Pyrcek* (2021)
[31] Vgl. *Quentic* GmbH (2021)
[32] Vgl. *Pielke* (2018), S. 9
[33] Vgl. *Pielke* (2018), S. 9

herausgestellt, wenn ein Wirtschaftsprüfer bereits von Beginn an, ab der Konzeptionierung eines CMS, eingebunden wird. Von den drei Prüfungsstufen kann nur die dritte, die Wirksamkeitsprüfung, das CMS eines Unternehmens als wirksam, angemessen und funktionsfähig bescheinigt werden.[34]

Die *Konzeptionsprüfung* geht der Frage nach, ob das CMS des Unternehmens alle erforderlichen Grundelemente enthält und ob diese korrekt dokumentiert bzw. dargestellt sind.[35] Dieser Fall tritt ein, sofern in der CMS-Beschreibung des Unternehmens auf die in Kapitel 4 des IDW PS 980 genannten Grundelemente eines CMS eingegangen wird und dabei keine unangebrachten Verallgemeinerungen, verzerrte Darstellungen oder gar falsche Angaben enthalten sind, die die Berichtsadressaten irreführen könnten.[36] Der Prüfungsbericht zur Konzeptionsprüfung kann eine Aussage darüber treffen, ob die Aussagen zur Konzeption des CMS in der Beschreibung angemessen dargestellt sind.[37]

Die *Angemessenheitsprüfung*, die die zweite Stufe der drei Prüfungsphasen darstellt, geht den Fragen nach, ob die beschriebenen Maßnahmen des Unternehmens dazu geeignet sind, wesentliche Regelverstöße mit ausreichend Sicherheit zu erkennen und sie zu verhindern, und ob die Grundsätze und Maßnahmen zu einem definierten Zeitpunkt erfolgreich im Unternehmen implementiert wurden.[38] Die Angemessenheitsprüfung geht somit über den Prüfungsrahmen der Konzeptionsprüfung hinaus. Die Prüfung beinhaltet auch, ob Regelverstöße, die bereits stattgefunden haben, zeitnah an die zuständige Stelle innerhalb des Unternehmens berichtet wurden und entsprechende Konsequenzen zur Verbesserung des CMS getroffen wurden.[39]

Die dritte und letzte Prüfungsphase bildet die *Wirksamkeitsprüfung*. Sie geht der Frage nach, ob die Maßnahmen und Grundsätze, die im Unternehmen implementiert wurden, tatsächlich wirksam sind.[40] Aufbauend auf der vorangegangenen Konzeptions- und Angemessenheitsprüfung wird die Effektivität und Wirksamkeit des CMS geprüft, indem anhand einzelner Teilbereiche des Systems innerhalb eines definierten Zeitraums kontrolliert wird, ob Regelverstöße tatsächlich erkannt bzw. vermieden wurden.[41] Daneben sieht die Wirksamkeitsprüfung vor, zu prüfen, ob die definierten Maßnahmen und Grundsätze des CMS allen Betroffenen im Unternehmen bekannt sind und ob sie diese beachtet haben.[42] Wirksam nach IDW PS 980 ist ein Compliance-Management-System dann, wenn „die Grundsätze und Maßnahmen in den

---

[34] Vgl. *Rödl* (o. J.)
[35] Vgl. *BDO AG Wirtschaftsprüfungsgesellschaft* (2022)
[36] Vgl. *Institut der Wirtschaftsprüfer in Deutschland e. V.* (2011), Tz. 19, S. 4
[37] Vgl. *Rödl* (o. J.)
[38] Vgl. *BDO AG Wirtschaftsprüfungsgesellschaft* (2022)
[39] Vgl. *Institut der Wirtschaftsprüfer in Deutschland e. V.* (2011), Tz. 20, S. 4
[40] Vgl. *BDO AG Wirtschaftsprüfungsgesellschaft* (2022)
[41] Vgl. *Pielke* (2018), S. 9
[42] Vgl. *Rödel* (o. J.)

laufenden Geschäftsprozessen von den hiervon Betroffenen nach Maßgabe ihrer Verantwortung zur Kenntnis genommen und beachtet werden"[43]. Folgendes Schaubild verdeutlicht abschließend die drei Stufen der Prüfung von Compliance-Management-Systemen gemäß IDW PS 980:

Abbildung 3: Drei Prüfungsarten von CMS-Prüfungen nach IDW PS 980

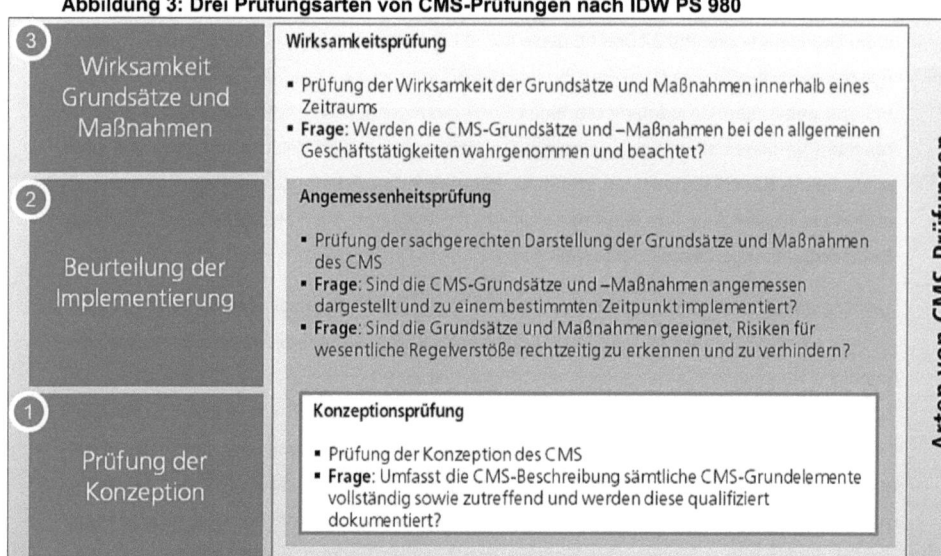

Quelle: *Hiller* (2019), S. 45, in Anlehnung an *Wente* (2011), S. 606

Der Inhalt des Prüfungsstandards gliedert sich in sechs Hauptkapitel, auf die im Folgenden eingegangen wird: Im ersten Kapitel „Vorbemerkungen" wird auf den Inhalt freiwilliger CMS-Prüfungen eingegangen und einige Rahmenbedingungen genannt. Das zweite Kapitel „Begriffsbestimmungen" geht auf wichtige Begrifflichkeiten ein und klärt deren Bedeutung. U. a. werden die Begriffe Compliance, CMS, CMS-Grundsätze oder auch die Konzeption eines CMS betrachtet. „Gegenstand, Ziel und Umfang der Prüfung" bildet den Titel des dritten Kapitels und nimmt in den Textziffern 12-22 Bezug auf diese drei Aspekte. In diesem Kapitel wird auch auf die o. g. drei Prüfungsarten eingegangen.[44]

Die Grundelemente eines CMS werden im gleichnamigen vierten Kapitel des IDW PS 980 tabellarisch aufgelistet und beschrieben. Sie stehen miteinander in Wechselwirkung und sind in die Geschäftsabläufe des Unternehmens eingebunden.[45]

---

[43] *Institut der Wirtschaftsprüfer in Deutschland e. V.* (2011), Tz. 21, S. 4
[44] Vgl. *Institut der Wirtschaftsprüfer in Deutschland e. V.* (2011), S. 1-5
[45] Vgl. Vgl. *Institut der Wirtschaftsprüfer in Deutschland e. V.* (2011), S. 5-6

Die sieben Grundelemente gem. IDW PS 980 sind[46]:

o *Die Compliance-Kultur,* die die Grundlage für die Wirksamkeit und Angemessenheit des CMS darstellt

o *Die Compliance-Ziele,* welche als Grundlage für die Beurteilung der Compliance-Risiken herangezogen werden

o *Die Compliance-Risiken,* die somit unter Berücksichtigung der Compliance-Ziele festgestellt und im Hinblick auf ihre jeweilige Eintrittswahrscheinlichkeit und eventuellen Konsequenzen analysiert werden

o *Das Compliance-Programm,* welches Grundsätze und Maßnahmen umfasst, die Compliance-Risiken und -Verstöße begrenzen bzw. verhindern sollen

o *Die Compliance-Organisation,* in der die Verantwortlichkeiten durch das Management geregelt sind und notwendige Ressourcen zur Verfügung gestellt werden

o *Die Compliance-Kommunikation,* bei der es darum geht, die Verantwortlichen im Unternehmen über das Compliance-Programm und die -Organisation zu informieren sowie festzulegen, wie Risiken an die jeweils zuständigen Stellen berichtet werden

o *Die Compliance-Überwachung und Verbesserung,* dessen Voraussetzung eine ausführliche Dokumentation des CMS ist, um die Angemessenheit und Wirksamkeit laufend zu prüfen und das System kontinuierlich zu verbessern

In Kapitel fünf „Prüfungsanforderungen" werden in sechs Unterkapiteln die Anforderungen an CMS-Prüfungen beschrieben. Der Prüfungsstandard geht u. a. auf die Prüfungsplanung und -durchführung sowie die Berichterstattung des CMS-Prüfers ein. Das sechste und letzte Kapitel des IDW PS 980 gibt letztlich Anwendungshinweise und Erläuterungen.[47] Danach folgt ein Anhang, bestehend aus ca. 20 Seiten.[48]

Nach Einführung des IDW PS 980 im Jahr 2011 etablierte sich dieser als Orientierungsrahmen für Unternehmen, die ein CMS einführen oder weiterentwickeln wollten, und wurde zu einem der ersten Standards in Deutschland für CMS.[49] Zehn Jahre später, im Oktober 2021, hat der Hauptfachausschuss (HFA) des IDW einen Entwurf einer Neufassung des IDW PS 980 verabschiedet (IDW EPS 980 n.F. (10.2021)), da sich in der Unternehmenspraxis inzwischen Weiterentwicklungen bei der Prüfung und Einrichtung von Compliance-Management-Systemen ergeben haben und diese bei der Überarbeitung der Grundelemente eines CMS sowie bei der Prüfungsdurchführung Berücksichtigung fanden.[50]

---

[46] Vgl. *Institut der Wirtschaftsprüfer in Deutschland e. V.* (2011), S. 5-6
[47] Vgl. *Institut der Wirtschaftsprüfer in Deutschland e. V.* (2011), S. 6-13
[48] Vgl. *Hiller* (2019), S. 42
[49] Vgl. *Pyrcek* (2021)
[50] Vgl. *IDW EPS 980 n.F.* (10.2021), S. 1

3 Ziele und Aufgaben des Code of Conduct

Der Code of Conduct, im Deutschen Verhaltenskodex genannt, stellt ein Instrument dar, welches für die praktische Umsetzung von Compliance dient. Er legt den Grundstein für ein erfolgreiches CMS in Unternehmen und hilft außerdem dabei, die gesamte Corporate Social Responsibility Strategie eines Unternehmens sinnvoll zu ergänzen.[51]

Heutzutage haben viele Unternehmen ihren eigenen Code of Conduct, welcher meist vom Compliance-Beauftragten erstellt wird.[52] Manche Unternehmen verwenden einen branchenspezifischen Code, der von Zusammenschlüssen mehrerer Unternehmen oder Industrieverbänden veröffentlicht wurde.[53] Ein Verhaltenskodex kann demnach je nach Unternehmen unterschiedlich aussehen und verschiedene Inhalte haben, oder aber das Unternehmen hat noch gar keinen Kodex in Gebrauch.

Verschiedene Fälle von Fehlverhalten und Korruption, die negative Konsequenzen mit sich brachten, bewegten jedoch weltweit viele Unternehmen in der Vergangenheit dazu, ihre Verhaltenskodizes grundlegend zu überarbeiten.[54] Ein Code of Conduct stellt nach Lin-Hi letztlich eine Sammlung von Richtlinien und Regelungen dar, die sich die Unternehmen freiwillig selbst auferlegen. Die Verhaltensanweisungen dienen als grundlegende Handlungsorientierung für die Beschäftigen des Unternehmens, um unerwünschte Handlungen zu vermeiden bzw. das erwünschte Verhalten zu kanalisieren und zu fördern.[55] Hauptaufgabe des Codes ist somit die Unterstützung der Mitarbeiter, welche aus verschiedenen Kulturen kommen können und daher unterschiedliche Wertevorstellungen mitbringen können, durch die Vorgabe des gewünschten Verhaltens.[56]

Unternehmen sehen die Einhaltung ihres Code of Conducts als verbindlich an. Verstöße gegen diesen werden daher entsprechend sanktioniert. Der Kodex kann auch als ein Versprechen dafür verstanden werden, dass ein Mitarbeiter den Verhaltensmustern folgt, bzw. die unerwünschten Verhaltensweisen unterlässt, und mit dafür sorgt, dass sich niemand einen Vorteil durch das Umgehen von Verhaltensmustern verschafft.[57]

Der Verhaltenskodex gilt für alle Beschäftigte im Unternehmen, unabhängig von Position, Alter, Geschlecht oder Herkunft. Insbesondere wenn viele internationale Angestellte in einem Unternehmen aufeinandertreffen und damit auch deren verschiedenen Kulturen und

---

[51] Vgl. *lawpilots GmbH* (2020)
[52] Vgl. *Messerschmidt* (2022)
[53] Vgl. *Bauer* (2019), S. 23
[54] Vgl. *lawpilots GmbH* (2020)
[55] Vgl. *Lin-Hi* (2018)
[56] Vgl. *lawpilots GmbH* (2020)
[57] Vgl. *Berwanger/Hahn* (2020), S. 382

Verhaltensweisen, hilft der Code dabei, den Mitarbeitern klare Rahmenbedingungen für ihr Verhalten aufzuzeigen. Der Kodex kann außerdem Fragen bei Unsicherheiten beantworten, bspw. ‚Wie soll ich mich verhalten?' oder auch ‚Wie soll ich mich gerade nicht verhalten?'. Andersherum hilft er dabei, das Verhalten anderer Mitarbeiter einzuschätzen und die Grenze zwischen toleriertem Verhalten sowie solchem, welches nicht mehr in Ordnung ist, zu erkennen.[58]

Die ISO 26000 gibt Handlungsempfehlungen zu den Kernthemen, die im Code of Conduct mit aufgenommen werden sollten. Diese umfassen die Organisation und Organisationsführung, Menschenrechte, Arbeitspraktiken, Umwelt, faire Betriebs- und Geschäftspraktiken, Konsumentenanliegen sowie die Einbindung und Entwicklung der Gemeinschaft. Nicht alle Themen sind für jedes Unternehmen relevant, daher ist eine Wesentlichkeitsanalyse vorteilhaft, die zunächst klärt, zu welchen der Kernthemen das Unternehmen einen Bezug hat. Als Ausgangspunkt zur Erstellung eines Verhaltenskodex kann außerdem die Erfassung aller Stakeholder sowie die Auseinandersetzung mit deren Interessen und Erwartungen dienen.[59]

Das Unternehmen thyssenkrupp bspw. geht in seinem recht kurz gefassten Code of Conduct, der nur vier Seiten umfasst, auf viele dieser Kernthemen ein. Durch dessen zentralen Gedanken „WIR sind thyssenkrupp" sorgt das Unternehmen dafür, bei den Mitarbeitern ein Gemeinschaftsgefühl zu wecken. Im Vorwort wird deutlich gemacht, dass das Fehlverhalten von nur einer einzelnen Person für alle einen großen Schaden verursachen kann. Die Verantwortung für die Reputation von thyssenkrupp liege bei allen gemeinsam, daher solle der Verhaltenskodex von jedem Einzelnen als „Richtschnur" für das tägliche Verhalten genutzt werden.[60]

Weitere Themenschwerpunkte, die Verhaltenskodizes häufig beinhalten, sind die Vermeidung von Interessenkonflikten, der sorgsame Umgang mit Informationen, die Schweigepflicht über Unternehmens- und Geschäftsdaten, Diskriminierung als Tabu sowie ein fairer Umgang mit allem Beschäftigten untereinander, die Beachtung von Arbeitssicherheitsstandards, die Chancengleichheit aller Mitarbeiter und umweltfreundliches Handeln. Ein Code of Conduct ist zwar nicht mit einem Gesetzestext vergleichbar – Verstöße gegen ihn können dennoch große Auswirkungen haben und bis zu einer fristlosen Kündigung reichen. Porsche beispielsweise kündigte einmal einen Ihrer Auszubildenden, nachdem dieser über Facebook rassistische Kommentare im Rahmen der Asylbewerberdebatte veröffentlichte. Als Grund zur Entlassung nannte das Unternehmen, dass es diskriminierendes Verhalten jeglicher Art ablehne. Der

---

[58] Vgl. *Messerschmidt* (2022)
[59] Vgl. *Rottluff* (2018), S. 183; *BMK* (o. J.)
[60] Vgl. *thyssenkrupp AG* (o. J.)

Auszubildende hatte demnach zwar nicht gegen ein Gesetz verstoßen, der Verstoß gegen die unternehmerischen Verhaltensrichtlinien jedoch genügte.[61]

Das Hauptziel eines Code of Conduct besteht in der Festlegung verbindlicher Standards für alle Mitarbeiter eines Unternehmens, um solchen Situationen vorzubeugen, die die Rechtmäßigkeit der Organisation in Frage stellen können. Wichtig für eine erfolgreiche Integration und Durchsetzung des Kodex ist, dass das geforderte Verhalten von den Vorgesetzten vorgelebt wird, sie also mit gutem Beispiel vorangehen, und jeder Mitarbeiter mit seiner Unterschrift das Lesen und Verstehen des Kodex bestätigt. Neben den jeweiligen Werten des Unternehmens dienen rechtliche und gesellschaftliche Rahmenbedingungen als Grundlage für den Verhaltenskodex. Es ist seine Aufgabe, einen verbindlichen Orientierungsrahmen für alle Beteiligten zu schaffen.[62]

Die Vorteile eines eingeführten Verhaltenskodex stehen meist im Einklang mit solchen, die auch eine ethische Organisationskultur mit sich bringt.[63] Einige Vorteile und gleichzeitig Ziele des Codes sind die Steigerung der Sicherheit am Arbeitsplatz, ein höheres Employer Branding sowie der bessere Umgang mit Stakeholdern wie Kunden und Lieferanten des Unternehmens.[64] Aus rechtlicher Sicht ist es außerdem oft vorteilhaft, wenn Unternehmen einen Verhaltenskodex einführen, der auch die Tochtergesellschaften bindet, da manche ausländischen Rechtsordnungen sie inzwischen dazu verpflichten.[65]

Ein gut gestalteter und im gesamten Unternehmen implementierter Verhaltenskodex hat u. a. die Aufgaben, die Qualität der Produkte und damit die Zufriedenheit der Kunden zu sichern sowie eine Vertrauensbasis beim Kunden durch die Einhaltung von Standards der Branche oder auch die Einhaltung von Compliance-Regeln in den Themenbereichen Korruption, Datenschutz, geistiges Eigentum und Know-How-Abfluss herzustellen. Ein Negativbeispiel, bei dem das Image des Unternehmens nicht gestärkt, sondern stark geschädigt wurde, ist der VW-Abgasskandal im Jahr 2015, bei dem öffentlich wurde, dass die Dieselfahrzeuge des Konzerns manipulierte Abgaswerte aufwiesen. Eine flächendeckendere Implementierung und insbesondere eine stärkere Durchsetzung eines Verhaltenskodex hätten die großen wirtschaftlichen Schäden ggf. verhindern können.[66]

Dietzfelbinger zählt neun Ziele des Code of Conducts auf, welche er in interne und externe Ziele unterteilt. Als ein internes Ziel nennt er die Förderung der Sicherheit für Mitarbeiter bei zu treffenden Entscheidungen.[67] Eine konkrete Orientierungshilfe bei Entscheidungen gibt

---

[61] Vgl. *Lecturio GmbH* (2019)
[62] Vgl. *Heinzelmann* (2022)
[63] Vgl. *Bauer* (2019), S. 23
[64] Vgl. *Messerschmidt* (2022)
[65] Vgl. *Bauer* (2019), S. 24
[66] Vgl. *Lecturio GmbH* (2019)
[67] Vgl. *Dietzfelbinger* (2015), S. 119

bspw. das Unternehmen Shell seinen Beschäftigten mit einem „Integrity Check" in seinem knapp 40 Seiten langen Verhaltenskodex[68]:

Abbildung 4: Integrity Check der Shell International Limited

Quelle: *Shell International Limited* (2015), S. 5

Daneben ist ein weiteres Ziel des Codes, den Mitarbeitern eine Orientierung und Leitvorgabe nicht nur bei Entscheidungen, sondern auch in schwierigeren Konfliktsituationen zu geben. Als drittes internes Ziel nennt Dietzfelbinger den Besitz eines Instruments, das präventiv gegen kriminelle Machenschaften von einzelnen Beschäftigten angeht.[69]

Verhaltenskodizes verfolgen nach Dietzfelbinger außerdem das interne Ziel, potenzielle Täter abzuschrecken.[70] Wie wichtig es ist, Fehlverhalten im Unternehmen zu melden und Maßnahmen dagegen zu ergreifen, betont auch Google in seinem Verhaltenskodex und schreckt

---

[68] Vgl. *Shell International Limited* (2015), S. 5
[69] Vgl. *Dietzfelbinger* (2015), S. 119
[70] Vgl. *Dietzfelbinger* (2015), S. 119

dadurch seine potenziellen Täter ab.[71] Ein Kodex sollte jedoch nicht nur aufzeigen, welches Verhalten nicht geduldet wird und welche negativen Grenzen oder Verbote es für das Verhalten der Mitarbeiter und Führungskräfte gibt, sondern vor allem auch die positiven Förder- und Entwicklungsmöglichkeiten sowie Formen der wertorientierten Führung beinhalten.[72] Der Verhaltenskodex von Google ist online für jeden zugänglich (veröffentlicht durch Alphabet, die Muttergesellschaft von Google: https://abc.xyz/investor/other/google-code-of-conduct/), sodass ihn alle aktuellen und zukünftigen Stakeholder einsehen können. Dies stärkt das Vertrauen der Interessengruppen in das Unternehmen.[73]

Auch die Telekom AG legt Wert darauf, dass Mitarbeiter sich nicht scheuen, auf Verstöße, die sie identifiziert haben, hinzuweisen. Sie sollen nach dem Verhaltenskodex in der Unternehmenskultur und dessen Klima frei von Ängsten vor negativen Konsequenzen davon sein. Fehlverhalten sowie Verstöße werden bei der Telekom sanktioniert, denn sie können nicht nur dem Einzelnen schaden, sondern auch für die gesamte AG schwere Folgen bedeuten.[74] Ein weiteres internes Ziel, das hier deutlich wird, ist die Förderung einer besseren internen Kommunikation, vor allem in Krisenfällen.[75]

Als ein externes Ziel, das mit einem Code of Conduct verfolgt wird, nennt Dietzfelbinger die Stärkung des Vertrauens von Kunden, Geschäftspartnern und Anlegern, und damit auch die Steigerung des Stakeholder-Values.[76] Insbesondere in Bezug auf eine bessere und vertrauensvollere Zusammenarbeit mit Lieferanten hat das in Schweden gegründete Unternehmen IKEA einen Verhaltenskodex für Lieferanten, genannt „IWAY", entwickelt, um sämtliche Standards für die aktuellen, aber auch potenziellen Lieferanten aufrechtzuerhalten. In dem Kodex werden Themen wie Löhne und Sozialleistungen, Gesundheit und Sicherheit, Kinderarbeit oder auch Belästigung aufgegriffen. Zusätzlich werden einige evtl. missverständliche Begriffe erläutert sowie auf weitere Dokumente wie z. B. andere IKEA-Richtlinien oder UN-Konventionen verwiesen, um den Ansatz, den IKEA hat, zu verdeutlichen. Mit IWAY stärkt das Unternehmen nicht nur die Zusammenarbeit mit den Lieferanten, auch für Kunden und weitere Stakeholder bringt der Verhaltenskodex positive Wirkungen mit sich.[77]

Die weiteren drei externen Ziele eines Code of Conducts, die Dietzfelbinger aufzählt, sind: Die Stärkung der Unternehmensposition im Dialog mit Stakeholdern, das Vorbeugen krimineller

---

[71] Vgl. *lawpilots GmbH* (2020)
[72] Vgl. *Dietzfelbinger* (2015), S. 117-118
[73] Vgl. *lawpilots GmbH* (2020)
[74] Vgl. *b-wise GmbH* (2022)
[75] Vgl. *Dietzfelbinger* (2015), S. 119
[76] Vgl. *Dietzfelbinger* (2015), S. 119
[77] Vgl. *lawpilots GmbH* (2020)

Machenschaften sowie der Besitz eines Instruments in Falle von Krisenfällen und eine damit verbundene Stärkung der externen Kommunikation.[78]

Noch ein Ziel, welches mit einem Code of Conduct verfolgt werden soll, ist der verantwortungsvolle Umgang mit Informationen und geistigem Eigentum. Ein Unternehmen, welches aufgrund seiner Branche und seiner Produkte besonderen Wert darauf legt, ist Bertelsmann. In einem gesonderten Unterkapitel 2.4.2 „Schutz geistigen Eigentums" wird betont, dass das Unternehmen geistiges Eigentum jeglicher Art respektiert und schützt.[79]

---

[78] Vgl. *Dietzfelbinger* (2015), S. 119
[79] Vgl. *Bertelsmann SE & Co. KGaA* (2022), S. 30

Literaturverzeichnis

BDO AG Wirtschaftsprüfungsgesellschaft (2022), Compliance Prüfung nach IDW PS 980. In: https://www.bdo.de/de-de/services/audit-assurance/forensic-risk-compliance/compliance/compliance-prufung-nach-idw-ps-980, abgerufen am 23.10.2022.

Beeck V. (2018), Interne Revision: Definition: Was ist "interne Revision"? In: https://wirtschaftslexikon.gabler.de/definition/interne-revision-37632/version-261066, abgerufen am 03.10.2022.

Berwanger, J./Hahn, U. (2020), Interne Revision und Compliance: Operative Grundlagen und Recht, Wiesbaden.

BMK (o. J.), ISO 26000 – Leitfaden zur gesellschaftlichen Verantwortung. In: https://www.bmk.gv.at/themen/klima_umwelt/nachhaltigkeit/unternehmen/standards/iso26000.html, abgerufen am 31.10.2022.

Böttcher, L. (2011), Compliance: Der IDW PS 980-Keine Lösung für alle (Haftungs-) Fälle!, Neue Zeitschrift für Gesellschaftsrecht, Nr. 27, S. 1054–1058.

Bundesanzeiger Verlag GmbH (o. J.), Compliance und die Bedeutung für Unternehmen. In: https://www.validatis.de/kyc-prozess/news-fachwissen/compliance/, abgerufen am 02.10.2022.

Bundesrepublik Deutschland (o. J.), Aktiengesetz: § 107 Innere Ordnung des Aufsichtsrats. In: https://www.gesetze-im-internet.de/aktg/__107.html, abgerufen am 03.10.2022.

Bungartz, O. (o. J.), Internes Kontrollsystem (IKS) (IPPF Nr.2100). In: https://www.internerevisiondigital.de/ce/internes-kontrollsystem-iks-ippf-nr-2100-1/detail.html, abgerufen am 23.10.2022.

b-wise GmbH (2022), Compliance: Code of Conduct an Beispielen erklärt. In: https://www.business-wissen.de/artikel/code-of-conduct-an-beispielen-erklaert/, abgerufen am 31.10.2022.

dejure.org Rechtsinformationssysteme GmbH (2021), § 91 Organisation; Buchführung. In: https://dejure.org/gesetze/AktG/91.html, abgerufen am 03.10.2022.

Deloitte GmbH Wirtschaftsprüfungsgesellschaft (2021), The Future of Compliance 2021: Herausforderungen und Trends. Zugriff am 02.10.2022. Verfügbar unter https://image.marketing.deloitte.de/lib/fe31117075640474771d75/m/1/8fee146d-7bbf-4b68-bef2-c09dfe0acf99.pdf.

Deutsches Institut für Interne Revision e.V. (2018), Empfehlung zur (Neu-)Einrichtung einer Internen Revision. Aus der Serie Fachbeiträge des DIIR Nr. 1, in: https://www.diir.de/fileadmin/fachwissen/diir_veroeffentlichungen/DIIR_Fachbeitrag_Nr._1_Empfehlungen_zur__Neu-_Einrichtung_einer_Internen_Revision.pdf, abgerufen am 26.09.2022.

Eulerich, M. (2009), Strategische Planung, Steuerung und Kontrolle von Mergers & Acquisitions. M&A-Controlling, M&A-Risikomanagement, Praxiswissen, Frankfurt am Main.

Fuldner, U. (o. J.), Internes Kontrollsystem (IKS) / 3 Komponenten des IKS. In: https://www.haufe.de/finance/haufe-finance-office-premium/internes-kontrollsystem-iks-3-komponenten-des-iks_idesk_PI20354_HI938823.html, abgerufen am 23.10.2022.

Graf, A. (o. J.), Quo Vadis IKS. In: https://www.graf-ub.de/quo-vadis-iks/, abgerufen am 23.10.2022.

HAUB + PARTNER GmbH (o. J.), Interne Revision. In: https://www.haub-seminare.de/innen-revision/, abgerufen am 02.10.2022.

Heinzelmann, R. (2022), Verhaltenskodex gegen Korruption in Unternehmen: Code of Conduct. In: https://www.haufe.de/compliance/management-praxis/verhaltenskodex-in-unternehmen_230130_441220.html, abgerufen am 31.10.2022.

Hiller, M. (2019), Ziele und Aufgabenfelder des Compliance Managements. Studienbrief der SRH Fernhochschule, Riedlingen.

IDW EPS 980 n.F. (10.2021), Entwurf einer Neufassung des IDW Prüfungsstandards: Grundsätze ordnungsmäßiger Prüfung von Compliance Management Systemen (IDW EPS 980 n.F. (10.2021)). Zugriff am: 23.10.2022. Online unter https://www.idw.de/blob/133740/3e2d5581babff4f5fe3e6814f5a6edc1/idw-eps-980-nf-10-2021-data.pdf.

Institut der Wirtschaftsprüfer in Deutschland e. V. (2011), IDW Prüfungsstandard: Grundsätze ordnungsmäßiger Prüfung von Compliance Management Systemen (IDW PS 980). Zugriff am: 24.10.2022. Online unter: https://wiwi.hs-duesseldorf.de/personen/christoph.voos/lehre/PublishingImages/Seiten/bba/IDW%20PS%20980.pdf.

Institut der Wirtschaftsprüfer in Deutschland (2010b), Feststellung und Beurteilung von Fehlerrisiken und Reaktionen des Abschlussprüfers auf die beurteilten Fehlerrisiken. IDW PS 261, 9. Auflage, Düsseldorf.

lawpilots GmbH (2020), Code of Conduct – Definition, Beispiele, Merkmale. In: https://lawpilots.com/de-de/compliance/code-of-conduct-definition/, abgerufen am 31.10.2022.

Lecturio GmbH (2019), Code of Conduct – freiwillige Selbstbindung als Compliance-Schutz. In: https://www.lecturio.de/magazin/code-of-conduct-compliance/, abgerufen am 31.10.2022.

Lin-Hi, N. (2018), Code of Conduct. In: https://wirtschaftslexikon.gabler.de/definition/code-conduct-51600, abgerufen am 24.10.2022.

Messerschmidt, M.-L. (2022), Code of Conduct: Definition, Vorlage, Beispiele. In: https://factorialhr.de/blog/code-of-conduct/, abgerufen am 31.10.2022.

Moeller, R. R. (2011), COSO enterprise risk management: Establishing effective governance, risk, and compliance processes, 2. Auflage, Hoboken, N.J..

Moeller, R. R. (2016), Brink's modern internal auditing: A common body of knowledge, 8. Auflage, Hoboken, N.J..

Otremba, S. (2016), GRC-Management als interdisziplinäre Corporate Governance: Die Integration von Revision, Risiko- und Compliance-Management in Unternehmen, Wiesbaden.

Pielke, W. (2018), Tax Compliance: Effektive Organisation der Einhaltung steuerlicher Pflichten, Wiesbaden.

PricewaterhouseCoopers GmbH (o. J.), Interne Revision. In: https://www.pwc.de/de/strategie-organisation-prozesse-systeme/interne-revision.html, abgerufen am 03.10.2022.

Pyrcek, A. (2021), 10 Jahre IDW PS 980 – Lehren aus der Prüfung von Compliance-Management-Systemen. In: https://www.ey.com/de_de/forensic-integrity-services/10-jahre-idw-ps-980, abgerufen am 23.10.2022.

Quentic GmbH (2021), Compliance: ISO 37301 ersetzt ISO 19600 für Compliance Management Systeme. In: https://bit.ly/3FxsFbh, abgerufen am 24.10.2022.

Rödl, C. (o. J.), Prüfung von Compliance Management Systemen nach IDW PS 980. In: https://www.roedl.de/themen/compliance-management-gesundheitswesen/pruefung-von-compliance-management-systemen, abgerufen am 23.10.2022.

Seidel, J./Wendt, M. (2017), Compliance in öffentlichen Unternehmen, Wiesbaden.

Shell International Limited (2015), Unser Verhaltenskodex. Zugriff am: 31.10.2022. Online unter: https://go.shell.com/3DlFbrD.

thyssenkrupp AG (o. J.), Code of Conduct. Zugriff am: 31.10.2022. Online unter: https://bit.ly/3DvZjrc.

Wente, M. (2011), Prüfung von Compliance Management Systemen. Anmerkungen zum Prüfungsstandard IDW PS 980, StuB, Nr. 16, S. 603–609.